# Drache, Einhorn, Flügelpferd

## Gedichte über Fabelwesen

Mit Illustrationen von
Saskia Bannasch

Jan Thorbecke Verlag

# INHALT

Rainer Maria Rilke
4| *O dieses ist das Tier, das es nicht gibt*

Joseph von Eichendorff
7| *Elfe*

August Heinrich Hoffmann von Fallersleben
8| *Das Lied vom Drachen*

Wilhelm Busch
9| *Wassermuhmen*

Heinrich Heine
10| *Der Phönix*

Christian Morgenstern
13| *Wäsche ist heute wohl*

Ludwig Tieck
14| *Gesang der Feen*

Friedrich von Matthisson
16| *Gnomen*

Joseph von Eichendorff
19| *Hippogryph*

Franz Grillparzer
20| *Märchen*

Christian Morgenstern
22| *Der Werwolf*

Heinrich Heine
24| *Begegnung*

Friedrich von Matthisson
26| *Die Elfenkönigin*

Christian Morgenstern
28| *Das Einhorn*

Emanuel Geibel
29| *In blauer Nacht bei Vollmondschein*

Eduard Mörike
30| *Elfenlied*

Elisabeth von Österreich-Ungarn (Sisi)
32| *Fahrt*

Arno Holz
35 | *Rote Rosen winden sich*

Gottlieb Konrad Pfeffel
36 | *Der Schatz*

Hermann Löns
38 | *Die Zwerge*

Heinrich Heine
40 | *Die Nixen*

Emanuel Geibel
43 | *Krokodilromanze*

Moritz von Strachwitz
44 | *Ballgeschichte*

Rainer Maria Rilke
46 | *Das Einhorn*

Frank Wedekind
47 | *Chor der Nixen*

Johann Wolfgang von Goethe
48 | *Zigeunerlied*

Ludovico Ariosto
50 | *Der Hengst, von Greif und Pferdestut' entsprungen*

Detlev von Liliencron
51 | *Sphinx in Rosen*

Anastasius Grün
52 | *Elfenleiden*

Christian Morgenstern
54 | *Elbenreigen*

Justinus Kerner
56 | *Vampir*

Ernst Schulze
57 | *Das Königsschloß mit goldgeschmückten Zinnen*

Eduard Mörike
58 | *Nixe Binsefuß*

Christian Morgenstern
60 | *Andre Zeiten, andre Drachen*

# O dieses ist das Tier,
# das es nicht gibt

O dieses ist das Tier, das es nicht gibt.
Sie wußtens nicht und habens jeden Falls
– Sein Wandeln, seine Haltung, seinen Hals,
Bis in des stillen Blickes Licht – geliebt.

Zwar war es nicht. Doch weil sie's liebten, ward
Ein reines Tier. Sie ließen immer Raum.
Und in dem Raume, klar und ausgespart,
Erhob es leicht sein Haupt und brauchte kaum

Zu sein. Sie nährten es mit keinem Korn,
Nur immer mit der Möglichkeit, es sei.
Und die gab solche Stärke an das Tier,

Daß es aus sich ein Stirnhorn trieb. Ein Horn.
Zu einer Jungfrau kam es weiß herbei –
Und war im Silber-Spiegel und in ihr.

Rainer Maria Rilke (1875–1926)

## Elfe

Bleib bei uns! Wir haben den Tanzplan im Tal
Bedeckt mit Mondesglanze,
Johanniswürmchen erleuchten den Saal,
Die Heimchen spielen zum Tanze.

Die Freude, das schöne leichtgläubige Kind,
Es wiegt sich in Abendwinden:
Wo Silber auf Zweigen und Büschen rinnt,
Da wirst du die Schönste finden!

Joseph von Eichendorff (1788–1857)

# Das Lied
# vom Drachen

Steig, Drache, steig zum Himmel hinan!
Hoch oben sieh die weite Welt dir an!

Sieh an dir die Berge, die Täler und Au'n!
Du mußt dir Alles ganz genau beschau'n!

Der Drache hört's und verläßt das Feld,
Er will sich anseh'n ganz genau die Welt.

Er hat sich noch lange nicht satt geseh'n,
Jetzt bleibt er oben in den Lüften steh'n.

Nun aber wendet er seinen Flug,
Er kehret schon zurück, er sah genug. –

Und Mancher sieht manch' Land und Meer,
Und kommt zuletzt zur Heimat wieder her.

August Heinrich Hoffmann von Fallersleben (1798–1874)

# Wassermuhmen

In dem See die Wassermuhmen
Wollen ihr Vergnügen haben,
Fangen Mädchen sich und Knaben,
Machen Frösche draus und Blumen.

Wie die Blümlein zierlich knicksen,
Wie die Fröschlein zärtlich quaken,
Wie sie flüstern, wie sie schnacken,
So was freut die alten Nixen.

Wilhelm Busch (1832–1908)

# Der Phönix

Es kommt ein Vogel geflogen aus Westen,
Er fliegt gen Osten,
Nach der östlichen Gartenheimat,
Wo Spezereien duften und wachsen,
Und Palmen rauschen und Brunnen kühlen –
Und fliegend singt der Wundervogel:

„Sie liebt ihn! sie liebt ihn!
Sie trägt sein Bildnis im kleinen Herzen,
Und trägt es süß und heimlich verborgen,
Und weiß es selbst nicht!
Aber im Traume steht er vor ihr,
Sie bittet und weint und küßt seine Hände,
Und ruft seinen Namen,
Und rufend erwacht sie und liegt erschrocken,
Und reibt sich verwundert die schönen Augen –
Sie liebt ihn, sie liebt ihn!"

An den Mastbaum gelehnt, auf dem hohen Verdeck,
Stand ich und hört ich des Vogels Gesang.
Wie schwarzgrüne Rosse mit silbernen Mähnen,
Sprangen die weißgekräuselten Wellen;
Wie Schwanenzüge schifften vorüber,
Mit schimmernden Segeln, die Helgolander,
Die kecken Nomaden der Nordsee;
Über mir, in dem ewigen Blau,
Flatterte weißes Gewölk
Und prangte die ewige Sonne,
Die Rose des Himmels, die feuerblühende,
Die freudvoll im Meer sich bespiegelte; –
Und Himmel und Meer und mein eigenes Herz
Ertönten im Nachhall:
„Sie liebt ihn! sie liebt ihn!"

Heinrich Heine (1797–1856)

# *Wäsche ist heute wohl*

Wäsche ist heute wohl,
Große Wäsche,
Droben im Himmelreich.
Denn seht nur, seht!
Wie viele Hemdlein,
Höslein, Röcklein,
Und zierliche Strümpflein
Die gute Schaffnerin
Über die blaue Himmelswiese
Zum Trocknen breitet.
Die kleinen Nixen,
Gnomen, Elben,
Engelchen, Teufelchen,
Oder wie sie ihr Vater nennt,
Liegen wohl alle nun
In ihren Bettchen,
Bis ans Kinn
Die Decken gezogen,
Und sehnlich lugend,
Ob denn die Alte
Ihren einzigen Staat,
Ihre weißen Kleidchen,
Nicht bald
Ihnen wiederbringe.
Die aber legt
Ernst und bedächtig
Ein Stück nach dem andern
Noch auf den Rasen.

Christian Morgenstern (1871–1914)

# Gesang der Feen

Fließe Strom, in deinen hellen
Klaren Wellen
Wiegt der Himmel sich im Bilde,
Abendlüfte hauchen milde,
Und das Lied der Vögel schallt
Vom Gebirge her vom Tannenwald.
Auf der Spule glänzt der Faden
Rot und golden,
Den wir erst im Taue baden
Von Blütendolden;
Wie das Rad sich dreht und windet
Wird das Gold nur mehr entzündet,
Und wann aller Glanz versponnen,
Wird das Gespinnste aufgeschlagen,
Und nach vielen ems'gen Tagen
Unser Kleid gewoben und gewonnen,
In dem wir dann im Sonnenscheine sitzen,
Uns wiegend auf der Blumen grünen Spitzen,
Wenn Abendschimmer durch den Himmel blitzen.

Ludwig Tieck (1773–1853)

# Gnomen

Gleich schwarzen Fantomen
Entklettern die Gnomen,
In wolkiger Nacht,
Dem dunstigen Schacht.
Ein träges Geschlecht!
Nicht Herr und nicht Knecht
Spürts immer nach Nebel,
Hat Beine wie Säbel;
Es watschelt, es tappt
Possierlich verkappt,
Bald äffisch und drollig,
Bald bärenhaft knollig,
Trägt Pelze von Ratten
Und spottet des Lichts
Beim Scheine des platten
Karfunkelgesichts.

Friedrich von Matthisson (1761–1831)

# Hippogryph

Das ist das Flügelpferd mit Silberschellen,
Das heitere Gesellen
Emporhebt über Heidekraut und Klüfte,
Daß durch den Strom der Lüfte,
Die um den Reisehut melodisch pfeifen,
Des Ernsts Gewalt und Totenlärm der Schlüfte
Als Frühlingsjauchzen nur die Brust mag streifen;
Und so im Flug belauschen
Des trunknen Liedergottes rüst'ge Söhne,
Wenn alle Höhn und Täler blühn und rauschen,
Im Morgenbad des Lebens ew'ge Schöne,
Die, in dem Glanz erschrocken,
Sie glühend anblickt aus den dunklen Locken.

Joseph von Eichendorff (1788–1857)

# Märchen

In eines alten Turmes Schacht
Liegt goldenhell ein Schatz,
So reich, daß, wer sein kundig ward,
Wünscht sich des Hüters Platz.

Der Hüter aber ist ein Drach,
Der wahrt das edle Gut;
Goldgierig, geizig, wie er ist,
Hält Tag und Nacht er Hut.

Der Schuppen jed' ist ihm ein Aug,
Und Kralle jedes Glied,
Drum sieht er, hört, hält ab, was vor,
Was hinter ihm geschieht.

Ein Ritter aber, ohne Rast,
Klimmt kühn den Berg empor.
Umsonst! denn, wenn es halb gelang,
Kommt ihm der Drach zuvor.

Der Schatz nun selber regt sich nicht,
Wie eben Schätze tun.
Das Schöne ruht; der höchste Preis,
Gleich ihm, in ihm zu ruhn.

Die Perle hat doch auch kein Ohr,
Der Demant keinen Mund,
Der Blick des Goldes winkend nur
Gibt Wunsch nach Freiheit kund.

So setzen sie's schon lange fort,
Der Hüter seinen Lauf,
Das reiche Gut kommt nicht herab,
Der Sucher nicht hinauf.

Nur fürcht ich, währt es allzulang,
Erlahmt die Phantasie,
Und streift die bunten Farben ab,
Die ihr das Märchen lieh.

Der Drache geht dann schuppenlos,
Der Ritter räumt den Platz;
Und nichts bleibt, was es früher war,
Als eines nur: der Schatz.

Franz Grillparzer (1791–1872)

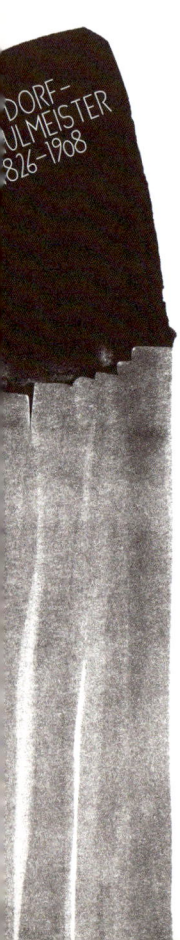

# Der Werwolf

Ein Werwolf eines Nachts entwich
Von Weib und Kind und sich begab
An eines Dorfschullehrers Grab
Und bat ihn: Bitte, beuge mich!

Der Dorfschulmeister stieg hinauf
Auf seines Blechschilds Messingknauf
Und sprach zum Wolf, der seine Pfoten
Geduldig kreuzte vor dem Toten:

„Der Werwolf" – sprach der gute Mann,
„Des Weswolfs, Genitiv sodann,
Dem Wemwolf, Dativ, wie man's nennt,
Den Wenwolf, – damit hat's ein End."

Dem Werwolf schmeichelten die Fälle,
Er rollte seine Augenbälle.
Indessen, bat er, füge doch
Zur Einzahl auch die Mehrzahl noch!

Der Dorfschulmeister aber mußte
Gestehn, daß er von ihr nichts wußte.
Zwar Wölfe gäb's in großer Schar,
Doch „Wer" gäb's nur im Singular.

Der Wolf erhob sich tränenblind –
Er hatte ja doch Weib und Kind!!
Doch da er kein Gelehrter eben,
So schied er dankend und ergeben.

Christian Morgenstern (1871–1914)

# Begegnung

Wohl unter der Linde erklingt die Musik,
Da tanzen die Burschen und Mädel,
Da tanzen zwei, die niemand kennt,
Sie schaun so schlank und edel.

Sie schweben auf, sie schweben ab,
In seltsam fremder Weise;
Sie lachen sich an, sie schütteln das Haupt,
Das Fräulein flüstert leise:

„Mein schöner Junker, auf Eurem Hut
Schwankt eine Neckenlilie,
Die wächst nur tief in Meeresgrund –
Ihr stammt nicht aus Adams Familie.

Ihr seid der Wassermann, Ihr wollt
Verlocken des Dorfes Schönen.
Ich hab Euch erkannt, beim ersten Blick,
An Euren fischgrätigen Zähnen."

Sie schweben auf, sie schweben ab,
In seltsam fremder Weise,
Sie lachen sich an, sie schütteln das Haupt,
Der Junker flüstert leise:

„Mein schönes Fräulein, sagt mir, warum
So eiskalt Eure Hand ist?
Sagt mir, warum so naß der Saum
An Eurem weißen Gewand ist?

Ich hab Euch erkannt, beim ersten Blick,
An Eurem spöttischen Knickse –
Du bist kein irdisches Menschenkind,
Du bist mein Mühmchen, die Nixe."

Die Geigen verstummen, der Tanz ist aus,
Es trennen sich höflich die beiden.
Sie kennen sich leider viel zu gut,
Suchen sich jetzt zu vermeiden.

Heinrich Heine (1797–1856)

# Die Elfenkönigin

Was unterm Monde gleicht
Uns Elfen flink und leicht?
Wir spiegeln uns im Tau
Der sternenhellen Au,
Wir tanzen auf des Baches Moos',
Wir wiegen uns am Frühlingssproß,
Und ruhn in weicher Blumen Schoß!

Ihr Elfen, auf den Höh'n!
Ihr Elfen, an den See'n,
Zum taubeperlten Grün
Folgt eurer Königin!
Im grauen Mettenfädleinkranz,
Umflimmert von des Glühwurms Glanz,
Herbei! herbei! zum Mondscheintanz!

Ein Schleier, weiß und fein,
Gebleicht im Sternenschein
Auf kühler Totengruft,
Umwall' euch leicht wie Duft!
Durch Moos und Schilf, durch Korn und Hain,
Bergauf, talab, waldaus, feldein,
Herbei! herbei! zum Ringelreihn!

Beim Sommermondscheinball,
Am Quell im Erlental,
Umschleiert unser Chor
Ein weißer Nebelflor;
Wir kreisen schnell, wir schweben leicht,
Ein finstres Gnomenheer entsteigt
Dem Erdenschoß und harft und geigt!

Das Mark vom Schmetterling
Den eine Jungfrau fing,
Das Hirn der Nachtigall
Bereiten wir zum Mahl,
Und schlürfen, unter Rundgesang
Und Flötenton und Harfenklang,
Aus Blumenkelchen Göttertrank!

Herbei! herbei! zum Tanz
Im Mettenfädleinkranz!
Schnell rollt der Elfen Kreis
Im zirkelrunden Gleis!
Wo ist ein Fuß der nimmer glitt?
Wir Elfen fliehn mit Zephyrschritt,
Kein Gräschen beuget unser Tritt!

Friedrich von Matthisson (1761–1831)

## Das Einhorn

Das Einhorn lebt von Ort zu Ort
Nur noch als Wirtshaus fort.

Man geht hinein zur Abendstund
Und sitzt den Stammtisch rund.

Wer weiß! Nach Jahr und Tag sind wir
Auch ganz wie jenes Tier

Hotels nur noch, darin man speist –
(So völlig wurden wir zu Geist).

Im „Goldnen Menschen" sitzt man dann
Und sagt sein Solo an …

Christian Morgenstern (1871–1914)

# In blauer Nacht
# bei Vollmondschein

In blauer Nacht bei Vollmondschein
Was rauscht und singt so süße?
Drei Nixen sitzen am Möwenstein
Und baden die weißen Füße.

Es hat der blonde Fischerknab'
Gehört das Singen und Rauschen,
Ihm brennt das Herz, er schleicht hinab,
Die Feien zu belauschen.

Da sausen empor im Mondenlicht
Drei weiße wilde Schwäne –
Das Wasser spritzt ihm ins Gesicht,
Verklungen sind die Töne.

Emanuel Geibel (1815–1884)

# Elfenlied

Bei Nacht im Dorf der Wächter rief: Elfe!
Ein ganz kleines Elfchen im Walde schlief –
Wohl um die Elfe! –
Und meint, es rief ihm aus dem Tal
Bei seinem Namen die Nachtigall,
Oder Silpelit hätt ihm gerufen.
Reibt sich der Elf die Augen aus,
Begibt sich vor sein Schneckenhaus,
Und ist als wie ein trunken Mann,
Sein Schläflein war nicht voll getan,
Und humpelt also tippe tapp
Durchs Haselholz ins Tal hinab,
Schlupft an der Mauer hin so dicht,
Da sitzt der Glühwurm, Licht an Licht.
„Was sind das helle Fensterlein?
Da drin wird eine Hochzeit sein:

Die Kleinen sitzen beim Mahle,
Und treiben's in dem Saale.
Da guck ich wohl ein wenig 'nein!"
– Pfui, stößt den Kopf an harten Stein!
Elfe, gelt, du hast genug?
Gukuk! Gukuk!

Eduard Mörike (1804–1875)

# *Fahrt*

Es teilt der Kiel die Fluten,
Und rauschend zieht das Schiff;
Getaucht in Abendgluten,
Erglänzen Fels und Riff.

Schwarz heben sich die Pinien
Vom goldnen Horizont;
Und ferne Bergeslinien
Sind rosig noch besonnt.

Des Himmels Blau erdunkelt
Zur tiefsten Bläue Ton;
Und purpurn strahlt und funkelt
Das weite Meer jetzt schon.

Nun wandeln sich die Farben
In goldig lichtes Grün;
Wo die Saphire starben,
Smaragde blendend sprüh'n.

Auf sterngestickten Schwingen
Naht langsam nun die Nacht,
Mit Dunkel zu umringen
Die schimmernd reiche Pracht.

Doch rastlos rauscht im Dunkeln
Dahin ein weißer Streif,
Am Mast des Lämpchens Funkeln:
Das ist der Vogel Greif.

Elisabeth von Österreich-Ungarn,
auch Sisi genannt (1837–1898)

## *Rote Rosen winden sich*

Rote Rosen
Winden sich um meine düstre Lanze.

Durch weiße Lilienwälder
Schnaubt mein Hengst.

Aus grünen Seen,
Schilf im Haar,
Tauchen schlanke, schleierlose Jungfraun.

Ich reite wie aus Erz.

Immer,
Dicht vor mir,
Fliegt der Vogel Phönix
Und singt.

Arno Holz (1763–1929)

# Der Schatz

Im fernen Königreich Leon
Liegt eine Wunderhöhle,
Von der man tausend Jahre schon
Erzählt was ich erzähle.
Die Sage geht: auf diesem Platz
Begrub ein Magus einen Schatz
Von einer Tonne Goldes.

Ihn hätte mancher gern geraubt;
Jedoch ein schwarzer Drache,
Ein Bastart Satans, wie man glaubt,
Hielt vor der Höhle Wache,
Und wollte sich ein Kämpfer nahn,
So ward er stracks an seinen Zahn
Wie ein Kapaun gespießet.

Dieß hörte Junker Theogan
Aus Rhätiens Gebirgen
Und warb zweyhundert Reuter an,
Das Unthier zu erwürgen.
Mit diesem Heere trabt der Held
Drey Monden lang durch Thal und Feld
Und wechselt manchen Gulden.

Der letzte war bereits verzehrt,
Als er den Ort erblickte,
Und mit den Seinen, wohl bewehrt,
Sich froh zum Kampfe schickte.
Sie fielen mit vereintem Muth
Den Lindwurm an, der Höllenwuth
Aus seinen Augen sprühte.

Doch manches Schwerdt und mancher Spieß
Zerbrach auf seinem Rücken,
Und manchen tapfern Knappen riß
Der Cerberus in Stücken.
Schon war ein Schock des Todes Raub,
Und vierzig ächzten lahm im Staub,
Als Theogan ihn fällte.

Von Blute triefend hob der Held
Den Schatz von seinem Posten:
Er fand an schönem barem Geld
Just seine Reisekosten;
Und überdieß in einem Schrein
Ein kleines Faß mit Branntewein,
Die Wunden zu verbinden.

Gottlieb Konrad Pfeffel (1736–1809)

# Die Zwerge

Der Riese lud die Zwerge ein
Zu Fisch und Fleisch und Bier und Wein.

Die Zwerge sagten: Große Ehr'!
Wir kommen gern und danken sehr.

Sie machten sich gefährlich breit
Und aßen nach der Schwierigkeit.

Sie tranken mehr, als ihnen gut,
Verlorn beim Heimgang Stock und Hut.

Befanden sich drei Tage schlimm,
Und waren voller Gift und Grimm.

Das Fleisch, das war ja mehr als zäh',
Vom Weine kriegt man Schädelweh.

War viel zu jung, und dann der Fisch,
Der war ganz sicher nicht mehr frisch.

Und überhaupt: so groß zu sein,
Ist unmanierlich und nicht fein!

Hermann Löns (1866–1914)

# Die Nixen

Am einsamen Strande plätschert die Flut,
Der Mond ist aufgegangen,
Auf weißer Düne der Ritter ruht,
Von bunten Träumen befangen.

Die schönen Nixen, im Schleiergewand,
Entsteigen der Meerestiefe.
Sie nahen sich leise dem jungen Fant,
Sie glaubten wahrhaftig, er schliefe.

Die eine betastet mit Neubegier
Die Federn auf seinem Barette.
Die andre nestelt am Bandelier
Und an der Waffenkette.

Die dritte lacht, und ihr Auge blitzt,
Sie zieht das Schwert aus der Scheide,
Und auf dem blanken Schwert gestützt
Beschaut sie den Ritter mit Freude.

Die vierte tänzelt wohl hin und her
Und flüstert aus tiefem Gemüte:
„Oh, daß ich doch dein Liebchen wär,
Du holde Menschenblüte!"

Die fünfte küßt des Ritters Händ',
Mit Sehnsucht und Verlangen;
Die sechste zögert und küßt am End'
Die Lippen und die Wangen.

Der Ritter ist klug, es fällt ihm nicht ein,
Die Augen öffnen zu müssen;
Er läßt sich ruhig im Mondenschein
Von schönen Nixen küssen.

Heinrich Heine (1797–1856)

# Krokodilromanze

Ich bin ein altes Krokodil
Und sah schon die Osirisfeier;
Bei Tage sonn' ich mich im Nil,
Bei Nacht am Strande leg' ich Eier.

Ich weiß mit list'gem Wehgekreisch
Mir stets die Mahlzeit zu erwürken;
Gewöhnlich fress' ich Mohrenfleisch
Und Sonntags manchmal einen Türken.

Und wenn im gelben Mondlicht rings
Der Strand liegt und die Felsenbrüche,
Tanz' ich vor einer alten Sphinx
Und lausch' auf ihrer Weisheit Sprüche.

Die Klauen in den Sand gepflanzt,
Tiefsinnig spricht sie: „Tochter Thebens,
Friß nur, was du verdauen kannst!
Das ist das Rätsel deines Lebens."

Emanuel Geibel (1815–1884)

# Ballgeschichte

Es schlief ein Junker auf blumigem Grund
Im schweigenden Waldesdüster,
Es tanzten die Elfen auf grünem Rund
Mit neckischem Liebesgeflüster;
Sie tanzten dahin im losen Spiel
Bei lauschigem Mondenscheine:
Die Königin auf die Nase fiel
Wohl über des Junkers Beine.

Sie hat sich am güldenen Sporenrad
Die Spinnenweb'robe zerrissen,
Sie hat in des Mehltaus frostigem Bad
Den Schnupfen sich holen müssen,
Sie hat sich zerzaust die Wiener Frisur,
Den cul de Paris verloren,
Da haben die Elfen mit hohem Schwur
Dem Täter Rache geschworen.

Den Fächer die Königin nahm geschwind,
Aus Mückenflügeln geschnitten,
Sie schlug den Junker gar ungelind
Wohl über das Herze mitten,
Und als er am Morgen erraffte sich,
Da mußt' er die Folgen ermessen,
Weh tat ihm sein Herzlein gar bitterlich,
Ich glaube, er war besessen.

Und wißt ihr, was ihn so sehr turbiert?
Das will ich euch offenbaren,
Mir ist die Geschichte schon oft passiert
In meinen jungen Jahren:
Schlug Eine mich mit dem Fächer heut,
Da mußt' ich die Folgen spüren,
Da tat man mich oft: nicht recht gescheut –
Oder gar: verliebt – titulieren.

Moritz von Strachwitz (1822–1847)

# *Das Einhorn*

Der Heilige hob das Haupt, und das Gebet
Fiel wie ein Helm zurück von seinem Haupte:
Denn lautlos nahte sich das niegeglaubte,
Das weiße Tier, das wie eine geraubte
Hülflose Hindin mit den Augen fleht.

Der Beine elfenbeinernes Gestell
Bewegte sich in leichten Gleichgewichten,
Ein weißer Glanz glitt selig durch das Fell,
Und auf der Tierstirn, auf der stillen, lichten,
Stand, wie ein Turm im Mond, das Horn so hell,
Und jeder Schritt geschah, es aufzurichten.

Das Maul mit seinem rosagrauen Flaum
War leicht gerafft, so daß ein wenig Weiß
(Weißer als alles) von den Zähnen glänzte;
Die Nüstern nahmen auf und lechzten leis.
Doch seine Blicke, die kein Ding begrenzte,
Warfen sich Bilder in den Raum
Und schlossen einen blauen Sagenkreis.

Rainer Maria Rilke (1875–1926)

# Chor der Nixen

Ihr glücklichen Kinder
Schlürft das Vergnügen;
Bald wird es versiegen;
Ein langer Winter
Rafft es dahin.
Euer Sinn
Schaut nicht vorwärts,
Schaut nicht zurück.
Vergängliches küßt ihr,
Sorglos genießt ihr
Den Augenblick.

Wir können nicht lieben;
Von Wind und Wellen
Umhergetrieben,
Bis wir zerschellen,
Ward uns als Leben
Nicht mehr gegeben
Als euch im Traum.
Wunschlos entstehen wir,
Wunschlos vergehen wir
Wieder zu Schaum.

Frank Wedekind (1864–1918)

# Zigeunerlied

Im Nebelgeriesel, im tiefen Schnee,
Im wilden Wald, in der Winternacht,
Ich hörte der Wölfe Hungergeheul,
Ich hörte der Eulen Geschrei:
Wille wau wau wau!
Wille wo wo wo!
Wito hu!

Ich schoß einmal eine Katz am Zaun,
Der Anne, der Hex, ihre schwarze, liebe Katz;
Da kamen des Nachts sieben Werwölf zu mir,
Waren sieben, sieben Weiber vom Dorf.
Wille wau wau wau!
Wille wo wo wo!
Wito hu!

Ich kannte sie all, ich kannte sie wohl,
Die Anne, die Ursel, die Käth,
Die Liese, die Barbe, die Ev, die Beth;
Sie heulten im Kreise mich an.
    Wille wau wau wau!
     Wille wo wo wo!
       Wito hu!

Da nannt ich sie alle bei Namen laut:
„Was willst du, Anne? was willst du, Beth?"
Da rüttelten sie sich, da schüttelten sie sich
Und liefen und heulten davon.
    Wille wau wau wau!
     Wille wo wo wo!
       Wito hu!

Johann Wolfgang von Goethe (1749–1832)

# Der Hengst, von Greif und Pferdestut' entsprungen

Der Hengst, von Greif und Pferdestut' entsprungen,
Ein wirklich Wesen und kein Zauber war:
Das Vatertier gab Federn seinem Jungen,
Den Schnabel, Vorderfüß' und Schwingenpaar.
Der Mutter war das übrige gelungen;
Der Name „Hippogryph" macht solches klar.
In Nordlandsbergen kommen, freilich selten,
Dergleichen Wesen aus den Eismeerwelten.

Ludovico Ariosto (1874–1933)

# Sphinx in Rosen

Aus weißem Stein geformt, im Junigarten,
Liegt eine Sphinx, die greulichste der Katzen.
Es küssen ihr die zierlichsten Standarten,
Die Rosen, windgeschaukelt, leicht die Tatzen.
Das Untier schweigt, die Lippen offenbarten
Wie schon zu Ramses Zeiten – leere Fratzen.
Und schweigt, und schweigt, und läßt auf Antwort
   warten –
Im stillen Garten schwatzen nur die Spatzen.

Detlev von Liliencron (1844–1909)

# *Elfenleiden*

In geheimer stiller Freude
Blickt' ich eine Rose an,
Die im Perl- und Purpurkleide
Schwellend aufzublühn begann.

Bange doch vielleicht zu Mute
War's dem Elfen, klein und traut,
Der in ihrem Kelche ruhte,
Drin sein Häuschen er gebaut.

Wenn ein Knöspchen platzend springet,
Kracht's ihm wohl wie Donnerklang,
Wenn ein West die Rose schwinget,
Macht ihm Erdebeben bang!

Wie ihr Kelch sich auftut Allen,
Schreckt ein Abgrund schwindelnd ihn,
Und des Blütenstaubes Fallen
Stürzt auf ihn als Schneelawin'.

Eine Überschwemmung drohte
Seiner Wohnung, Hab' und Haut,
Als es kühl aus Morgenrote
Perlen in den Kelch getaut.

Als mein Atem freier wehte,
Schien's ihm Sturmwinds Ungestüm,
Und vielleicht gar als Komete
Droht' mein heitrer Blick ob ihm.

Und mit Bangen sonder Gleichen
Harrt der Kleine ängstlichscheu,
Was wohl all der Schreckenszeichen
Grausenhaftes Ende sei?

Doch mit tiefer stiller Freude
Blickte ich die Rose an,
Die im Perl- und Purpurkleide
Blütenvoll sich aufgetan.

Anastasius Grün (1806–1876)

## Elbenreigen

Auf der Wiese webt und schwebt
Elbenringelreigen;
Feiner Füßchen Schnee sich hebt
Zu geheimen Geigen.

Schleier schlingen sich im Ring,
Silberflechten flimmern,
Flügel wie von Schmetterlingen
Scheu im Monde schimmern.

Jedes Köpfchen krönt ein Kranz
Goldner Leuchtlaternchen,
Wunderwirr verstrickt der Tanz
All die tausend Sternchen.

Busen wogen, Wangen glühn
Bräutliches Begehren –:
Wird der Rechte heut sich mühn,
Werden sie nicht wehren.

Lüstern läuft ein lauer Wind
Übers Taugelände ...
Plötzlich hebt ein Elbenkind
Warnend beide Hände:

„Horcht! Was kommt da übern Berg
Durch den Wald gegangen?“
„Hei, die Zwerge, dummen Zwerge
Wolln uns fangen, fangen!“

„Husch hinaus! und auf den Strom!“ ...
Oh ihr Trotzeköpfchen!
Durch die Bäume lugt ein Gnom –
Schüttelt trüb sein Schöpfchen.

Christian Morgenstern (1871–1914)

# *Vampir*

Dies Gespenst ist fürchterlich!
Mitternachts erhebt es sich
Aus des Herrn Baronen Gruft.
Dann, wenn's einen Bauern sieht,
Stürzt es auf ihn aus der Luft,
Hängt sich an sein Herz und zieht
Alles Blut aus solchem schier.
Dies Gespenst heißt man „Vampir".
Ob das der Baron einst war,
Will und kann ich glauben nicht,
Das wär' gar zu arg fürwahr!
Fragt man, leis der Bauer spricht:
„'S war des Herrn Baron sein alter
Gülteintreiber und Verwalter."

Justinus Kerner (1786–1862)

# Das Königsschloß mit goldgeschmückten Zinnen

Das Königsschloß mit goldgeschmückten Zinnen
Erhebt sich dort am Hügel stolz und fest.
Nichts Schönes läßt im Traume sich ersinnen,
Was nicht sich dort noch schöner schauen läßt,
Allein das Schönste, wähn' ich fast, ist drinnen,
Aus Weihrauch baut der Phönix ja sein Nest,
Daß schon von fern der süße Duft uns lehre,
Welch edlem Herrn solch edles Haus gehöre.

Ernst Schulze (1789–1817)

## Nixe Binsefuß

Des Wassermanns sein Töchterlein
Tanzt auf dem Eis im Vollmondschein,
Sie singt und lachet sonder Scheu
Wohl an des Fischers Haus vorbei.

„Ich bin die Jungfer Binsefuß,
Und meine Fisch wohl hüten muß,
Meine Fisch die sind im Kasten.
Sie haben kalte Fasten;
Von Böhmerglas mein Kasten ist,
Da zähl ich sie zu jeder Frist.

Gelt, Fischermatz? gelt, alter Tropf,
Dir will der Winter nicht in Kopf?
Komm mir mit deinen Netzen!
Die will ich schön zerfetzen!
Dein Mägdlein zwar ist fromm und gut,
Ihr Schatz ein braves Jägerblut.

Drum häng ich ihr, zum Hochzeitstrauß,
Ein schilfen Kränzlein vor das Haus,
Und einen Hecht, von Silber schwer,
Er stammt von König Artus her,
Ein Zwergen-Goldschmieds-Meisterstück,
Wer's hat, dem bringt es eitel Glück:
Er läßt sich schuppen Jahr für Jahr,
Da sind's fünfhundert Gröschlein bar.

Ade, mein Kind! Ade für heut!
Der Morgenhahn im Dorfe schreit."

Eduard Mörike (1804–1875)

# *Andre Zeiten, andre Drachen*

Immer nicht an Mond und Sterne
Mag ich meine Blicke hängen –:
Ach man kann mit Mond und Sternen,
Wolken, Felsen, Wäldern, Bächen
Allzuleichtlich kokettieren,
Hat man solch ein schelmisch Weibchen
Stets um sich wie Phanta Sia.

Darum senk ich heut bescheiden
Meine Augen in die Tiefe.
Hier und da ein Hüttenlichtlein;
Auch ein Feuer, dran sich Hirten
Nächtliche Kartoffeln braten –
Wenig sonst im dunklen Grunde.
Doch! da drunten seh ich eine
Goldgeschuppte Schlange kriechen ...

Hochromantisches Erspähnis!
Kommst du wieder, trautes Gestern,
Da die Drachen mit den Kühen
Friedlich auf den Almen grasten,
Wenn sie nicht grad Flammen speien
Oder Ritter fressen mußten –
Da der Lindwurm in den Engpaß
Seinen Boa-Hals hinabhing
Und mit grünem Augenaufschlag
Dame, Knapp und Maultier schmauste –
Kommst du wieder, trautes Gestern?

Eitle Frage! Dieses Schuppen-
Ungetüm da drunten ist ein
Ganz modernes Fabelwesen,
Unersättlich zwar, wie jene
Alten Schlangen, doch auch wieder
Jenem braven Walfisch ähnlich,
Der dem Jonas nur auf Tage
Seinen Bauch zur Herberg anbot.

Feuerwurm, ich grüße froh dich
Von den Stufen meines Schlosses!
Denn ob mancher dich auch schmähe,
Als den Störer stiller Lande,
Und die gelben Humpeldrachen,
Die noch bliesen, noch nicht pfiffen,
Wiederwünschte, – ich bekenne,
Daß ich stolz bin, dich zu schauen.
Höher schlägt mir oft das Herze,
Seh ich dich auf schmalen Pfaden
Deine Wucht in leichter Grazie
Mit dem Flug der Vögel messen
Und mit Triumphatorpose
Hallend durch die Nächte tragen.

Sinnbild bist du mir und Gleichnis
Geistessiegs ob Stoffesträgheit!
Gleichnis bist du neuer Zeit mir,
Die, jahrtausendalter Kräfte
Erbin, Sammlerin, sie spielend
Zwingt und formt, beherrscht und leitet!

Andre Zeiten, andre Drachen,
Andre Drachen, andre Märchen,
Andre Märchen, andre Mütter,
Andre Mütter, andre Jugend,
Andre Jugend, andre Männer –:
Stark und stolz, gesund und fröhlich,
Leichten, kampfgeübten Geistes,
Überwinder aller Schwerheit,
Sieger, Tänzer, Spötter, Götter!

Christian Morgenstern (1871–1914)

**VERLAGSGRUPPE PATMOS**

**PATMOS**
**ESCHBACH**
**GRÜNEWALD**
**THORBECKE**
**SCHWABEN**

Die Verlagsgruppe
mit Sinn für das Leben

Für die Schwabenverlag AG ist Nachhaltig-
keit ein wichtiger Maßstab ihres Handelns.
Wir achten daher auf den Einsatz umwelt-
schonender Ressourcen und Materialien.
Dieses Buch wurde auf FSC®-zertifiziertem
Papier gedruckt. FSC (Forest Stewardship
Council®) ist eine nicht staatliche, gemein-
nützige Organisation, die sich für eine öko-
logische und sozial verantwortliche Nutzung
der Wälder unserer Erde einsetzt.
Alle Rechte vorbehalten

© 2014 Jan Thorbecke Verlag der
Schwabenverlag AG, Ostfildern
www.thorbecke.de

Umschlaggestaltung: Finken & Bumiller,
Stuttgart
Layout und Illustrationen: Saskia Bannasch
Druck: Firmengruppe APPL, Wemding
Hergestellt in Deutschland
ISBN 978-3-7995-0559-8